De la neige pour Noël .... p. 6

Le Noël de Gédéon .... p. 14

La flûte magique .... p. 22

Direction : Guillaume Arnaud
Direction éditoriale : Sarah Malherbe
Édition : Anna Guével
Direction artistique : Élisabeth Hebert, assistée de Léa Pinard
Mise en pages : les PAOistes
Fabrication : Thierry Dubus, Gwendoline da Rocha

Site : www.fleuruseditions.com
ISBN : 978-2-2151-2548-8
MDS : 652 111

« Loi n° 49-956 du 16 juillet 1949 sur les publications destinées à la jeunesse. »

Histoires
de Noël à lire avec papa et maman

Auteur : Ghislaine Biondi
Illustrateur : Éric Puybaret

FLEURUS

MYRTILLE

De la neige pour Noël

Ce matin, dans la maison du Père Noël, ça sent bon le chocolat chaud et le pain grillé.
Le Père Noël prend son petit déjeuner.
Il feuillette son journal en avalant sa dernière tartine à la confiture de myrtilles.
Il découvre la météo et manque de s'étrangler :
« Grand soleil pour Noël. Pas un seul flocon de neige. »
« On n'a jamais vu une chose pareille ! » s'exclame le Père Noël.
Il se lève et déclare : « Quelle météo de zigotos !
Parole de Père Noël, il y aura de la neige à Noël ! »

Mais, comment faire ?
Le Père Noël réfléchit… et tout à coup il s'écrie : « Il faut aller attraper des nuages de neige ! »
Il n'y a pas une minute à perdre.
Le Père Noël va chercher les rennes à l'écurie et les attelle au traîneau.

Puis il prend des cordes, des ficelles et des filets de pêche. Une fois qu'il a tout entassé dans le traîneau, il lui reste tout juste la place pour s'asseoir.
« Prêts pour le décollage ? Direction les nuages ! » lance le Père Noël.

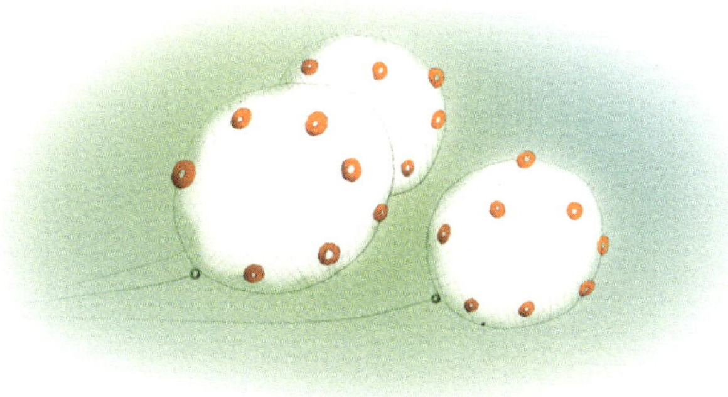

Le Père Noël file vers les sommets enneigés
et il aperçoit bientôt les premiers nuages pleins
de neige.
Il lance ses filets… et hop ! Il en attrape un gros…
et hop ! En voilà deux tout petits ! Et hop, hop, hop !
Il n'y a bientôt plus un seul nuage au-dessus
des montagnes.
Le Père Noël les a tous accrochés au traîneau.
Quelle drôle de ribambelle attachée avec des cordes
et des ficelles !

Le traîneau passe au-dessus des villes et des villages
et les premiers flocons commencent à tourbillonner.
Quand tous les nuages se sont vidés, le Père Noël
repart en riant dans sa barbe : « J'avais bien dit
qu'il y aurait de la neige à Noël ! »

Ce soir, le Père Noël s'installe dans son traîneau rempli de cadeaux.
Les rennes s'élancent dans le ciel étoilé et le Père Noël regarde en dessous de lui.
Tout est blanc ! Le Père Noël sourit en découvrant des gros bonshommes de neige dans les jardins.
« Les enfants ont bien joué aujourd'hui », se dit-il.
Mais cette nuit, c'est lui qui va bien s'amuser en faisant des glissades sur le toit.
Parce que les glissades, le Père Noël, il adore ça !

Gédéon

Le Noël de Gédéon

Aujourd'hui, l'ours Gédéon et ses amis vont préparer le réveillon de Noël.
Gédéon commence par décorer le sapin devant sa maison.
Il enroule des guirlandes clignotantes sur ses branches.
Il accroche aussi des boules et des clochettes.
Sans oublier une étoile dorée au sommet.
Puis Gédéon écrit à sa cousine :
« Chère Emeline, je t'invite ce soir pour notre réveillon.
Le sapin tout illuminé éclairera ton chemin. »

Gédéon est en train de cuisiner quand…
Toc toc toc ! Ses amis arrivent pour l'aider.
Oscar le renard enfourne la dinde farcie, puis il aide Corentin le lapin à décorer la table de pommes de pin qu'il a ramassées dans la forêt. Et Homère le cerf étale de la crème au chocolat sur la bûche de Noël.

Dehors, la nuit est tombée et le sapin éclaire toute la forêt.
Mais voilà qu'il se met à neiger !
Et la neige recouvre peu à peu les guirlandes, les boules et les clochettes.
Gédéon s'inquiète : « Le sapin n'éclaire plus le chemin, Emeline risque de se perdre ! »

Aussitôt, il décide de partir à sa rencontre avec
une lanterne.
Des tourbillons de flocons enveloppent Gédéon.
Il ne voit pas plus loin que le bout de ses pattes.
Tout à coup, il entend : « Gédéon !… Gédéon ! »
C'est Emeline qui l'appelle et il ne tarde pas
à la retrouver.
Quand ils rentrent à la maison, Gédéon et sa cousine
ressemblent à deux bonshommes de neige.
Heureusement, il y a un bon feu dans la cheminée
pour les réchauffer.

Le réveillon de Gédéon et de ses amis est très réussi. Tout le monde se régale, il ne reste bientôt plus une miette dans les assiettes. Et la bûche au chocolat a dessiné de belles moustaches autour des bouches des gourmands.
Puis Gédéon, ses amis et sa cousine chantent :
« Vive le vent, vive le vent, vive le vent d'hiver… »
Quelle merveilleuse soirée !

Mais avant d'aller se coucher, Gédéon regarde par la fenêtre le sapin recouvert de neige :
« Le Père Noël ne le verra pas », pense-t-il.
Adieu les cadeaux !
Mais Gédéon se trompe, la neige a fondu sur l'étoile dorée et le Père Noël la voit briller !

La flûte magique

Ce soir, pas question d'aller se coucher !
Nina et Théo veulent voir le Père Noël quand il descendra par la cheminée avec sa hotte pleine de jouets.

Mais le Père Noël envoie d'abord un lutin dans toutes les maisons.
Il doit vérifier que les enfants sont bien endormis.

Le lutin se glisse dans la maison de Nina et Théo.
« Par mon petit bonnet, en voilà deux qui sont bien éveillés », murmure-t-il.
Il sort aussitôt une flûte de sa poche et se met à jouer un air magique.

Nina et Théo commencent à bâiller… et leurs yeux ont bien du mal à rester ouverts.
« C'est cette musique qui nous donne envie de dormir ! déclare Nina.
– Il faut se boucher les oreilles », dit Théo en bâillant de plus belle.
Trop tard… les enfants s'endorment sur le canapé.

Quand Nina et Théo se réveillent, le soleil est déjà levé.
Il y a belle lurette que le Père Noël est passé.
Les enfants sont un peu déçus.
« Zut, on n'a pas réussi à rester éveillés ! »
Mais sous le sapin, ils découvrent une montagne de paquets !
« Nos cadeaux ! » s'écrient Nina et Théo, émerveillés.

Les enfants enlèvent les rubans dorés
et déchirent les papiers.
« Chic ! La dînette et la poupée que j'avais
commandées ! s'écrie Nina.
– Moi, j'ai mon château fort et mon épée
de chevalier », dit Théo.
Et il y a plein d'autres jeux pour tous les deux.

Mais sous le sapin, il y a aussi une toute
petite flûte.
Si petite que Théo et Nina ne la voient pas.
C'est la flûte du lutin. Elle a dû tomber
de sa poche.
L'année prochaine, il ne pourra pas jouer
son air magique pour endormir les enfants…
Alors, cette fois, Nina et Théo verront
peut-être le Père Noël !

Photogravure : S.N.O. Photogravure
N° d'édition : 14051
Achevé d'imprimer en juillet 2014 par Pollina, en France - L67195
Dépôt légal : octobre 2014